Préface

Ce livre est un miroir tendu vers une société en proie à une nouvelle forme de détresse, souvent minorée ou ignorée. Plus percutant que de nombreuses études sociologiques ou observations d'experts, il déchire le voile sur un phénomène silencieux mais dévastateur : l'addiction aux réseaux sociaux, et plus spécifiquement, à TikTok.

En parcourant ces pages, le public — nous l'espérons, de plus en plus large et réceptif — prendra conscience que cette dépendance numérique, particulièrement prégnante chez les jeunes, n'est pas un simple caprice de la génération Z. Au contraire, elle est le symptôme d'une société qui engendre ses propres maux. Ce n'est pas de contrées lointaines que provient cette addiction, mais du creuset de nos propres foyers, nos écoles, et des poches profondes de notre tissu social.

Ainsi, la dépendance à TikTok, phénomène souvent traité avec dérision ou légèreté, est loin d'être un épiphénomène. C'est dans le vécu quotidien de nos enfants, dans les rires partagés en famille, dans les couloirs des écoles ou au détour d'une conversation anodine que ce mal prend racine. Il est urgent de reconnaître que ce fléau n'est pas une anomalie, mais une réponse, peut-être maladroite, à un ensemble de crises profondes : l'aliénation, la solitude, la pression sociale, et parfois, un environnement familial éclaté.

Le récit qui nous est offert dépeint un trajet non pas semé d'excentricités d'une jeunesse marginale, mais d'une série de problématiques sociétales entrelacées. La monoparentalité, l'éducation, le besoin d'appartenance et de reconnaissance, autant de facteurs qui, combinés, peuvent mener à une utilisation compulsive des réseaux sociaux.

Ce témoignage, brut et éclairant, nous force à nous interroger sur les fondements de notre communauté. En refermant ce livre, la question hante l'esprit : qui est véritablement en détresse ? Est-ce cette jeune fille, paniquée et enchaînée à un écran, ou est-ce nous, acteurs et témoins d'une société qui prétend fonctionner normalement ? Qui sont vraiment les « gens convenables » ? Ce livre ne prétend pas détenir toutes les réponses, mais il soulève des questions cruciales, mettant en lumière la nécessité urgente de repenser notre approche collective de la connectivité et de la santé mentale des jeunes.

—Pierre-Emmanuel SALOMON., addictologue

Lucie

Je m'appelle Lucie, j'ai 14 ans, et cette année, je vais entrer en classe de troisième. Je suis fille unique et je vis juste avec ma mère. Mon père, je ne l'ai jamais connu, et ma mère ne parle jamais de lui, comme s'il était un chapitre de sa vie qu'elle a délibérément fermé.

J'ai toujours obéi à ma mère sans jamais me rebeller, respectant ses règles, même si parfois je les trouve injustes. Par exemple, elle a toujours refusé de me donner un téléphone portable avant que je sois en troisième, alors qu'aujourd'hui, tous les enfants en ont un à partir de 11 ans. Ma mère est restée bloquée dans l'ancien monde, s'accrochant à des idées démodées et ne se rend pas compte des conséquences que ça a eu sur mon développement social et émotionnel. Parce qu'au collège, c'est un peu la honte d'être la seule à ne pas avoir de téléphone.

Mais les choses vont changer, car je vous l'ai dit, je vais rentrer en troisième cette année, et comme ma mère est une femme de parole, elle m'a offert mon tout premier téléphone cet été. Je n'ai ressenti aucune joie au moment où elle m'a fait ce « cadeau », j'ai juste ressenti du soulagement, du soulagement car j'allais enfin pouvoir être une adolescente comme les autres. Je ne voyais pas ce téléphone comme un simple moyen pour communiquer avec mes copines, je voyais ce téléphone comme un refuge, un endroit où ma mère n'appliquerait plus sa dictature. C'était une porte ouverte vers une nouvelle liberté.

La mère de Lucie

Je m'appelle Céline, j'ai 38 ans, et je suis mère célibataire d'une adolescente de 14 ans, Lucie. En plein milieu de mes études de droit, j'ai été prise de court par ma grossesse, une surprise dans une relation qui n'avait rien de sérieux. Il est parti aussi vite qu'il était entré dans ma vie, laissant derrière lui un vide et un avenir incertain. L'avortement n'était pas une option pour moi ; j'ai donc pris la décision de mettre un terme à mes études pour mieux me consacrer à un nouveau rôle pour lequel je ne me sentais pas du tout préparée.

Les années qui ont suivi ont été un mélange de difficultés, de découvertes et de petites victoires. J'ai trouvé un emploi en tant qu'assistante administrative, un travail qui ne m'a jamais passionnée mais qui assurait notre sécurité financière, à Lucie et moi. Mes jours se sont remplis de routines, de responsabilités et de l'amour inconditionnel que je ressens pour ma fille. Côté cœur, j'ai eu quelques relations au fil des ans, mais rien de sérieux, rien qui ne puisse menacer la bulle que j'ai construite autour de nous. Peut-être que je crains de laisser quelqu'un entrer, ou peut-être que j'ai simplement accepté que Lucie et moi, c'est tout ce dont j'ai besoin.

Consciente des dangers et des distractions potentielles qu'apporte un téléphone portable, surtout pour une jeune fille, j'avais décidé que Lucie n'aurait son propre téléphone qu'en troisième. Le monde digital peut être un labyrinthe complexe pour une adolescente, et je voulais qu'elle soit assez mature pour naviguer entre ses merveilles et ses pièges. Lucie a toujours été une enfant exemplaire. Sa maturité et son sens des responsabilités m'ont souvent laissée admirative. Que ce soit vis-à-vis de moi ou à l'école, elle a toujours eu un comportement irréprochable, une raison pour laquelle j'ai décidé de ne pas contrôler l'utilisation de son téléphone. Je lui fais entièrement confiance. Bien sûr, nous avons discuté des dangers et des précautions à prendre, et je crois fermement qu'elle a acquis le discernement nécessaire pour naviguer dans ce nouvel univers numérique.

Lucie

Aujourd'hui, j'ai installé TikTok sur mon téléphone ; c'est l'application la plus à la mode au collège, et je me suis dit qu'il était temps que je découvre ce phénomène dont tout le monde parle. Sur TikTok, on peut regarder et diffuser des vidéos qui durent entre quelques secondes et plusieurs minutes. Il y a plusieurs centaines de millions d'utilisateurs dans le monde, et je ressentais une excitation à l'idée de faire partie de cette immense communauté.

L'installation est super simple. Après avoir entré mon numéro de téléphone, ma date de naissance et renseigné mon nom d'utilisateur, je suis directement tombé sur la vidéo d'une adolescente de mon âge qui dansait sur la chanson « Love Nwantiti » de Ckay. La vidéo a duré seulement quelques dizaines de secondes, puis elle a recommencé depuis le début, sans que je touche l'écran de mon téléphone. J'ai compris que si je ne faisais rien, la vidéo se relancerait automatiquement à l'infini.

Comme la vidéo était cool, je l'ai regardée 5 fois d'affilée et je l'ai likée en appuyant sur un logo en forme de cœur à droite de l'écran. J'ai ressenti une sorte de connexion avec cette fille qui, comme moi, semblait trouver sa joie dans la danse. Pour changer de vidéo, j'ai swipé vers le haut et je suis alors tombé sur la vidéo d'une fille qui danse avec une bouteille sur la tête sur la chanson "Joro" de Wizkid. La fille a dansé plusieurs secondes sans jamais faire tomber la bouteille ; j'étais très impressionnée, du coup j'ai liké la vidéo et j'ai aussi cliqué sur un logo en forme de marque-page pour ajouter cette vidéo à mes favoris. Dans un coin de ma tête, je pensais à me filmer plus tard en train de réaliser ce défi.

En swipant une nouvelle fois vers le haut, je suis tombé cette fois-ci sur une vidéo où trois garçons adolescents se tenaient côte à côte dans les couloirs d'une école. La personne qui filmait a compté jusqu'à cinq et, à cinq, les trois garçons étaient censés sauter en même temps. Sauf qu'il s'agissait en réalité d'un piège pour le garçon du milieu, qui est le seul à avoir sauté dans les airs, pendant que les deux autres lui tapaient les pieds pour le faire tomber sur le dos. J'ai trouvé cette vidéo vraiment débile, et elle m'a rappelé que même dans ce monde numérique, il y a de la cruauté.

J'ai passé trois heures à regarder des TikToks divers et variés : danse, sketchs plus ou moins drôles, tutos maquillage, vidéos avec des animaux de compagnie. Chaque vidéo était une fenêtre sur une nouvelle perspective, un nouveau style de vie, ou une nouvelle forme d'humour. TikTok, c'est la vie : je sens que je vais vraiment devenir addict à ce réseau social.

La mère de Lucie

Depuis que Lucie a son téléphone, je n'arrive plus à entrer en communication avec elle comme je le faisais auparavant. À chaque fois que je suis en interaction avec elle, elle fait tout pour écourter le moment afin de se retrouver plus vite dans sa chambre, seule avec son téléphone portable. Peut-être utilisait-elle son monde numérique comme une échappatoire, un endroit pour se cacher des difficultés de la vie réelle. Je sais que la communication est la clé, mais comment communiquer quand votre enfant s'est enfermé derrière un écran ?

Nous qui avons toujours été fusionnelles, je ne reconnais plus ma fille. Au moment de lui offrir son téléphone, nous avions parlé des dangers en ligne, mais je n'ai jamais pensé à lui expliquer comment cet appareil pourrait s'imposer silencieusement entre nous, comment il pourrait accaparer son attention à ce point.

Plus troublant encore, elle a commencé à oublier les choses. Les détails de la vie quotidienne qui nécessitent de l'attention, comme ses tâches ménagères ou la préparation de ses affaires pour l'école. Concernant l'école d'ailleurs, elle ne se pose plus consciencieusement pour apprendre ses leçons comme elle le faisait avant puisqu'elle sort son téléphone toutes les 5 minutes pour le consulter ; du coup, ses leçons sont vite et mal apprises, et ses résultats scolaires s'en ressentent. Ils ne sont pas catastrophiques, mais ils sont néanmoins nettement moins bons que les années précédentes.

J'hésite à lui confisquer son téléphone, mais je sais que ça lui arracherait le cœur. Je suis perdue. Dois-je imposer des limites strictes maintenant, après lui avoir donné tant de liberté ? Je ne veux pas qu'elle pense que je ne lui fais pas confiance, mais en même temps, je ne peux pas regarder en tant que spectatrice ma fille s'éloigner de moi et du droit chemin.

Lucie

Ces derniers temps, TikTok est devenu mon univers, ma bulle d'évasion. Je suis non seulement consommatrice de contenu, mais j'ai également commencé à ressentir une envie ardente de créer, de partager une part de moi avec ce vaste monde numérique. Aujourd'hui, après avoir passé des heures à m'entraîner dans ma chambre, inspirée par toutes ces personnes que j'ai vues réussir, je me suis filmée en train de réaliser le #bottledancechallenge. Vous savez, c'est le défi qui consiste à danser sur « Joro » de Wizkid avec une bouteille sur la tête en essayant de ne pas la faire tomber.

Pour que ma vidéo soit de la meilleure qualité possible, je me suis acheté un trépied pour que mon téléphone soit stable et aussi, je me suis mis dans le coin de ma chambre qui était le mieux éclairé, une attention aux détails que j'avais apprise en observant les vidéos les plus populaires de la plateforme. C'était la première vidéo que j'allais partager sur mon profil TikTok. Mon cœur battait à cent à l'heure, je ressentais un mélange de stress et d'excitation au moment d'appuyer sur le bouton « Publier », me demandant si j'allais être acceptée ou ignorée dans cette communauté virtuelle.

Pendant les 5 minutes qui ont suivi la publication de ma vidéo, je rafraîchissais la page de mon profil toutes les 5 secondes pour voir si mon nombre de vues augmentait. Mais malheureusement, mon compteur de vues restait bloqué à 0. À ce moment-là, une vague de doute m'a submergée, je me suis dit que j'avais peut-être raté ma vidéo et que le mieux était de la supprimer pour la refaire. Mais après un nouveau rafraîchissement de mon profil, ma vidéo était passée de 0 à 137 vues, et j'ai reçu une notification qui me disait que 3 utilisateurs avaient aimé mon contenu. Trois personnes que je ne connaissais pas, et cela a fait battre mon cœur encore plus vite.

À partir de ce moment, les vues augmentaient de plusieurs dizaines à chaque fois que j'actualisais ma page, les likes aussi augmentaient. Je commençais même à recevoir des commentaires : « Wow », « Trop super l'équilibre », « Bien joué », « Tu bouges trop bien ton corps, bébé ». Chaque nouveau commentaire me faisait ressentir un mélange d'excitation et d'appartenance ; j'avais l'impression de trouver ma tribu, ma place dans cette communauté numérique mondiale.

Au final, ma petite vidéo réalisée dans un petit coin de ma chambre a obtenu 8 736 vues, 648 likes et

16 commentaires. Et il y a 8 personnes que je ne connais pas qui se sont abonnées à mon profil. C'est plutôt encourageant pour une première vidéo, et cela m'a donné le sentiment que je pourrais vraiment m'intégrer et partager ma propre créativité et passion avec le monde, une étape à la fois.

La mère de Lucie

L'atmosphère à la maison est tendue en ce moment. En début de semaine, j'ai été contrainte de confisquer le téléphone portable de Lucie car elle l'avait utilisé en cours de français. C'est la première fois de toute sa vie qu'un de ses professeurs a noté un mot pour mauvais comportement dans son carnet de correspondance.

Je ne lui ai pas précisé pendant combien de temps elle serait privée de téléphone, car je voulais qu'elle comprenne la gravité de son comportement plutôt que de se concentrer sur le compte à rebours jusqu'à la récupération de son téléphone. De toutes façons, je n'avais pas la moindre idée de combien de temps allait durer la sanction.

Les trois jours qui ont suivi ont été irrespirables. Lucie s'est enfermée dans un silence obstiné, refusant de me parler ou même de me répondre lorsque je m'adressais à elle. Elle semblait me punir de mon intervention, un châtiment silencieux mais douloureusement éloquent.

Au bout des trois jours, la tension s'est transformée en une explosion de colère de sa part. Les mots qu'elle a utilisés étaient si durs, si tranchants, qu'ils m'ont laissé une plaie béante. "Tu ne m'aimes pas, tu t'en fous complètement que je sois malheureuse, etc." Ces paroles, prononcées avec tant de fureur et de désespoir, ont résonné en moi toute la nuit qui a suivi. J'ai pleuré face à cette distance grandissante entre nous, cette incompréhension mutuelle qui transformait notre amour en champ de bataille.

Le matin suivant, épuisée et les yeux gonflés d'avoir pleuré, j'ai déposé son téléphone sur la table à manger avant de partir au travail. Je ne lui ai laissé aucun mot, seulement son appareil, espérant qu'elle verrait dans ce geste non pas une capitulation, mais une invitation au dialogue et à la compréhension. Je n'ai pas pu me résoudre à prolonger cette séparation forcée, même si je craignais que notre relation ait déjà subi des dommages peut-être irréparables.

Lucie

Aujourd'hui, j'ai dépassé la barre des 8000 abonnés ; c'est juste incroyable, car cela fait seulement 5 semaines que j'ai mis en ligne ma première vidéo. L'engouement autour de mon contenu me donne l'impression d'être sur un nuage, et je suis émerveillée de voir comment une simple fille comme moi a pu toucher autant de gens. Depuis, je publie au moins une vidéo par jour, vidéos dans lesquelles je danse ou je fais du playback sur des musiques tendance. Je ressens comme un besoin, une responsabilité envers ceux qui me suivent, de rester présente et constante dans mes partages.

Mais cette nouvelle vie a aussi son mauvais côté. Par exemple, hier, j'ai reçu un message vraiment bizarre d'un homme adulte qui est parmi mes abonnés ; du coup, je l'ai bloqué pour qu'il ne m'envoie plus de messages. Cet incident m'a rappelé que même dans cet espace virtuel où je m'épanouis, je ne suis pas entièrement à l'abri des dangers du monde réel. Je pense que j'aurais dû en parler à ma mère, mais je ne l'ai pas fait, car nous sommes en froid en ce moment, et notre communication est tendue, voire inexistante.

En plus de cela, j'ai remarqué que j'ai des problèmes que je n'avais pas avant. En cours, j'ai des difficultés à me concentrer, et parfois, je me réveille en pleine nuit sans réussir à me rendormir. Je pense que c'est parce que mon esprit est constamment occupé à chercher des idées pour mes prochaines vidéos ou à analyser les chiffres de mes dernières. C'est devenu une obsession, une roue sans fin de création, d'analyse et d'anticipation. En plus de ça, je suis devenue très exigeante, au point où je ne me sens comme une merde si une vidéo fait moins de 10 000 vues. Cette pression que je me mets est incessante, et je ne peux plus passer une heure sans vérifier les performances de mes dernières publications, comme si mon estime de soi était maintenant directement liée à ces chiffres.

D'ailleurs, cela m'a causé un problème la semaine dernière à l'école : ma prof de français a vu que je regardais mon téléphone en cours ; du coup, elle a écrit un mot dans mon carnet de correspondance. Pour me punir, ma mère m'a confisqué mon téléphone pendant 3 jours. Cette séparation forcée avec ma communauté m'a vraiment angoissée. J'avais peur que, quand je récupérerais mon téléphone, mes abonnés se soient désintéressés de moi et que je ne fasse plus autant de vues qu'avant. Heureusement, quand ma mère m'a rendu mon téléphone et que j'ai recommencé à publier des vidéos, je faisais les mêmes chiffres qu'avant, ce qui a été un énorme soulagement. J'espère qu'un jour je deviendrai une influenceuse avec plusieurs millions d'abonnés.

Lucie

Depuis quelques semaines, mes vidéos font moins de vues, et mon nombre de followers n'augmente plus. Ça me rend folle ; du coup, je suis H24 en train de regarder les chiffres de mes publications pour essayer de comprendre pourquoi mes vidéos ne buzzent plus comme avant. J'analyse les tendances, je scrute les profils populaires, je réfléchis constamment à ce que je pourrais faire différemment. J'ai la sensation d'être devenue invisible, et ça crée en moi un sentiment de mal-être, une obscurité qui semble me consumer de l'intérieur.

Cette nuit, toutes ces émotions accumulées ont éclaté de manière violente. Après des heures passées sur TikTok à regarder des vidéos qui pourraient inspirer mes futures publications, j'ai posé mon téléphone sur ma table de nuit en espérant m'endormir. Mais le sommeil m'évitait, comme si lui aussi confirmait mon invisibilité.

Je suis restée plusieurs dizaines de minutes à fixer le plafond sans réussir à trouver le sommeil, alors que j'étais vraiment très fatiguée. Ma tête était un tourbillon de pensées, de chiffres, de stratégies, toutes centrées autour de mon déclin apparemment inévitable. Tout d'un coup, mon cœur s'est mis à battre fort ; j'avais l'impression qu'il allait sortir de ma poitrine. C'était une sensation très désagréable, une terreur brute qui me clouait sur place. En plus de ça, mon pyjama était trempé de sueur et j'avais beaucoup de mal à respirer. J'avais aussi très mal à la tête, c'était comme si elle était prise dans une pince géante qui était en train de se resserrer. Je ressentais une douleur insupportable. J'étais persuadée que j'étais en train de mourir, alors je me suis mise à appeler ma mère en hurlant.

Lorsqu'elle est arrivée dans ma chambre, elle m'a trouvée en pleurs, en position recroquevillée. La peur dans ses yeux était un reflet de la mienne. Elle a allumé la petite lampe sur ma table de nuit, a passé sa main dans mes cheveux et m'a demandé avec une voix inquiète ce qu'il m'arrivait. Je lui ai répondu que j'étais en train de mourir. Ma voix était à peine un murmure, brisée par la douleur et la terreur. Je m'adressais à elle les yeux complètement fermés, alors elle m'a demandé si je pouvais les ouvrir. Je lui ai répondu que je ne pouvais pas, sinon ma tête allait exploser, et je lui ai décrit toutes les douleurs physiques que je ressentais. Paniquée, ma mère m'a conduite aux urgences.

Le trajet était très désagréable, car en plus d'avoir la sensation que j'allais mourir, j'avais la nausée parce que ma mère conduisait trop vite. Elle essayait de me calmer en me disant des paroles apaisantes, mais tous ses mots se noyaient dans mon esprit apeuré, incapable de saisir autre chose que ma propre panique.

Arrivée à l'hôpital, tout était flou : les voix, les mains me guidant, me déposant sur un lit d'hôpital, les gens parlant, tout était étouffé par ma propre bulle de peur. Dans cet état de vulnérabilité totale, je ne pouvais pas m'empêcher de penser à quel point cette situation était ironique. Malgré le fait que j'étais persuadée d'être sur le point de mourir, dans un coin de ma tête, je réfléchissais toujours à comment j'allais rebooster mon compte TikTok si je parvenais à survivre à cette épreuve. C'était une obsession qui, même face à la mort, refusait de me laisser tranquille.

La mère de Lucie

La nuit était silencieuse, seule la lueur pâle de la lune traversait les rideaux de ma chambre, lorsqu'un cri déchirant m'a arrachée à mon sommeil. "Maman !" La voix de Lucie était méconnaissable, remplie d'une terreur pure et primitive. Mon cœur a bondi dans ma poitrine, et dans un état de panique, j'ai trébuché hors du lit, mes pieds à peine touchant le sol alors que je courais vers sa chambre.

La scène devant moi m'a brisé le cœur : Lucie, ma petite fille, était recroquevillée, tremblante, ses larmes coulant alors qu'elle était assaillie par une douleur invisible. Allumant sa lampe de chevet, j'ai tenté de balayer l'obscurité, tant celle dans la pièce que celle qui enveloppait mon esprit inquiet. Mes mains tremblaient en caressant ses cheveux mouillés de sueur, les mèches collant à ses joues.

"Qu'est-ce qui se passe, mon ange ?" ma voix était un mélange de peur et de tendresse. Elle était si convaincue, si certaine qu'elle était en train de mourir. Ses mots étaient entrecoupés de sanglots et de respirations saccadées. Elle ne pouvait pas ouvrir les yeux, disait-elle, car la douleur était trop insoutenable. Mon esprit a lutté pour comprendre, pour trouver une explication logique, mais tout ce que je voyais était ma petite fille en train de souffrir.

Sans perdre un instant, j'ai enveloppé Lucie dans une couverture et l'ai conduite à la voiture, mon esprit était un tourbillon de peur et de confusion. Chaque feu de circulation rouge était une agonie, chaque seconde une éternité, alors que je la conduisais aux urgences. J'essayais de lui parler, de la calmer, mais mes paroles réconfortantes semblaient se perdre, absorbées par le noir tourmentant dans lequel elle était plongée.

Les lumières de l'hôpital étaient aveuglantes alors que nous arrivions. Des mains inconnues l'ont prise de moi, la déposant sur un brancard froid. Les voix autour de nous n'étaient qu'un bourdonnement lointain, nos deux mondes, celui de ma fille et le mien, étaient consumés par l'incertitude et la peur. Je me sentais impuissante, ma propre enfant submergée par une pression que je ne pouvais ni voir ni comprendre complètement.

Alors que les médecins s'affairaient autour d'elle, mon esprit était tourmenté de questions. Comment avions-nous manqué les signes ? Qu'aurais-je pu faire différemment ? Mais la plus troublante était :

comment allions-nous guérir les blessures qui ne se voyaient pas ?

Dans cette chambre d'hôpital, sous les lumières crues, tout ce que je pouvais faire était de serrer la main de Lucie, de lui murmurer des mots d'amour. Lucie a passé toute la nuit à l'hôpital en observation, et je suis restée à son chevet. Le matin, lorsque Lucie s'est réveillée, elle s'est mise à me parler, sa voix était faible mais je pouvais y déceler une sorte d'urgence, comme si elle devait se libérer d'un poids immense.

Elle a commencé par me raconter qu'elle avait installé TikTok sur son téléphone, puis m'a expliqué comment elle était devenue créatrice de contenu. Je l'écoutais avec une inquiétude grandissante alors qu'elle décrivait son obsession pour les vues, les likes et les commentaires, et comment cela avait commencé à affecter son sommeil et sa concentration en classe. Mon cœur s'est serré quand elle a mentionné un message perturbateur qu'elle avait reçu et qu'elle avait choisi de ne pas me le dire parce que nous étions "en froid".

Chaque mot était comme un coup de couteau, révélant une réalité que je n'avais pas vue. Lucie vivait dans un monde où la validation numérique avait commencé à éclipser tout le reste, un monde que je ne comprenais pas complètement, un monde qui l'avait conduite à une crise de panique si sévère qu'elle avait cru mourir.

Je me sentais terriblement coupable. Comment ai-je pu passer à côté de tout cela ? Au fur et à mesure que Lucie se confiait à moi, tout est devenu plus clair. Je me suis rappelée du trépied qu'elle m'avait demandé d'acheter il y a quelques semaines, prétendant qu'elle voulait "faire des vidéos avec ses copines" tout en restant à une distance sûre de son téléphone "pour protéger ses yeux." J'avais été si naïve. Il y avait eu des signes avant-coureurs, et je n'avais rien vu. J'avais refusé de fouiller son téléphone, même quand je l'avais confisqué, choisissant de l'éteindre immédiatement. Comme si au fond de moi, je refusais de regarder la réalité en face.

Quand Lucie a terminé son récit, je l'ai serrée dans mes bras, réalisant à quel point elle avait besoin de soutien, de compréhension, pas de punitions ou de réprimandes. "Nous allons traverser cela ensemble," ai-je murmuré, "et nous trouverons un équilibre, ma chérie. Ta santé et ton bien-être sont plus importants que tout au monde.

Lucie

Je m'appelle Lucie, j'ai 16 ans, et cette année, je vais entrer en classe de première. Il y a un peu plus d'un an, je me suis retrouvée piégée dans les griffes de l'obsession, submergée par une crise de panique aiguë, née de ma dépendance dévorante au réseau social TikTok. Cette terrifiante expérience a non seulement entraîné mon hospitalisation, mais m'a également conduite à entreprendre plusieurs mois de psychothérapie pour me reconstruire.

Aujourd'hui, après avoir traversé cette tempête émotionnelle, je suis en route vers la guérison. Et, avec cette prise de conscience, est né un désir ardent : celui de faire écho à mon vécu et de le partager avec le plus de monde possible. C'est la raison pour laquelle ma mère et moi avons décidé de rédiger un ouvrage poignant à quatre mains, relatant mon parcours. L'acte d'écrire, de poser des mots sur ma douleur et mon rétablissement, s'est révélé être une étape cruciale vers ma guérison complète.

Plus qu'un simple témoignage, je ressens le besoin, voire la responsabilité, de mettre en lumière les dangers insidieux de la dépendance à TikTok. J'espère que, par mon histoire, je pourrais sensibiliser les jeunes de mon âge, mais aussi leurs parents, aux signes précurseurs et aux conséquences potentielles de cette addiction. Ce livre s'appellera : "TikTok m'a tuée".

Lettre à Maman

Ma Chère Maman,

Les épreuves que nous avons traversées ont été exceptionnellement rudes, et c'est avec une sincérité profonde que je souhaite m'excuser pour toute peine ou souffrance que mes actions ont pu engendrer.

Maman, aujourd'hui, je ressens le besoin ardent de t'exprimer ma gratitude la plus sincère pour toutes les choses que tu as entreprises pour mon bien-être. Ta force est la raison pour laquelle je respire encore, et ce combat a révélé la solidité et la profondeur inébranlables de notre amour. Mon amour pour toi dépasse les frontières de l'expression.

Je t'aime,

Lucie

Printed in Great Britain
by Amazon

29717269R00020